# *Metaphorische Elefanten sind auch nur Herdentiere*

*Lyrische Kommunikation mit Elefanten*

Isabelle Glück
mit Illustrationen von der Autorin

Bibliografische Information der Deutschen Nationalbibliothek:
Die Deutsche Nationalbibliothek verzeichnet diese Publikation
in der Deutschen Nationalbibliografie; detaillierte
bibliografische Daten sind im Internet über dnb.dnb.de
abrufbar.


© 2020 Isabelle Glück
Herstellung und Verlag: BoD – Books on Demand, Norderstedt

ISBN: 9783752685428

*Für Gina,
meine unglaublich talentierte Elefantenflüsterin*

# Vorwort

## Der metaphorischer Elefant

Der metaphorische Elefant steht für jedes Riesenproblem, für all die Gedanken, die sich im Kreise drehen und die nur selten stillstehen.
Wenn ein Elefant im Raum ist, dann ist gewiss, man kann ihn weder übersehen noch umgehen. Der Elefant bleibt stehen, denn er hat kaum eine Wahl, die Tür ist zu klein, um heimlich hinauszugehen.

Mich begleiten solche Elefanten schon mein ganzes Leben. Wenn alle gemeinsam beschließen zu tanzen, beginnt sogar der Boden zu beben.
Mit riesigen Elefanten überall kann ich also nicht glücklich sein und deshalb versuche ich einen neuen Weg zu wählen, meine metaphorischen Elefanten zu zähmen, einige zusammenzufalten, die restlichen zu zählen und im Auge zu behalten.

Manchen Menschen begegnen fast nur Babyelefanten, bei manchen erscheinen sie plötzlich, verschwinden aber ebenso geschwind und einige müssen lernen von Anbeginn mit ihnen zu tanzen.
Wie ungerecht. Wie vielfältig.
Wie bunt sind all die verschiedenen Elefanten.

Und nur damit eins klar ist, ich liebe Elefanten. Ich finde sie intelligent, hübsch und euphorisch. Metaphorisch eignen sie sich außerdem hervorragend. Keine Frage!

Und nun werde ich mehr von meinen Elefanten erzählen, meine Gedanken teilen und ihre verstehen.

**Babyelefanten**

Jedes Mal
wenn ich einen sehe
bin ich entzückt
Ach, wie tollpatschig verrückt
und unfassbar süß

Meistens erhasche ich nur einen kurzen Blick
denn der Kleine
mit seinen kurzen feinen Beinen
steht absolut im Schutz von Muttererde
mitten in der Herde

Die Großen drängeln sich in den Vordergrund
sodass ich den neuen Babyelefanten erst bemerke
wenn er tröten
stampfen
und tanzen kann
Tja und dann?
Hab ich fast keine Chance

**Blick in die Welt**

Ist es Realismus
der mich auf die Elefanten vorbereitet?
Oder ist es doch mein Pessimismus
der sie verbreitet?

# Ernährung

Wenn sie Langeweile haben
dann fressen sie Sorgen
von gestern und morgen
kugelrund und fett
Elefanten bestehen aus Gedankenspeck

## Wachsen

Elefanten wachsen
brauchen nur einen winzigen Windhauch
und schon sind sie Riesen geworden
Aber wisst ihr was?
Wachsen tue ich auch

Ich brauche nur mehr Zeit
als die Elefanten
ich lerne eben nur langsam tanzen

Doch Elefanten schrumpfen auch
manchmal gewaltig
Aber ich
wenn ich einmal gewachsen bin
bleibe groß
nachhaltig
gänzlich wunderschön

## Elefantenfütterung

Weit hinten aus der Savanne
trompetet es lärmend
"Wir haben Hunger
Wir brauchen Futter"
suchend recken sich die Rüssel in die Ferne

Und natürlich finden sie
jeden passenden Schlüssel
öffnen jedes Geheimfach in meinem Kopf
und ziehen heimlich an den Gedanken
die sie brauchen
um explosionsartig zu wachsen
Krach zu machen
laut und gespenstisch zu lachen

**Concierto**

Laut
unfassbar laut
und immer schneller
alle stimmen ein
und tröten im Elefantengeschrei

Unerwartet?
Naja, nur halb
ich hab sie zu lange ignoriert
bis es jetzt ohrenbetäubend schallt
Sie zahlen es mir heim
So sollte das aber nicht sein!

Ohren zuhalten?
Keine Chance!

Zurück brüllen?
Aber ich kann nicht tröten!

Sie weiter ignorieren?
Ich werde vor ihnen krepieren!

Vielleicht ein paar Kunststücke zeigen?
Salto vorwärts, rückwärts, Jonglieren…

…

Sie lärmen heiter weiter

Sie wollen Applaus
wollen, dass ich sie sehe

Also gebe ich nach, gehe hin
und beginne sie zu zähmen
sie langsam und bedächtig
auf allen Vieren zu trainieren

**Trügerische Stille**

Eines Tages
hebe ich die Hand
und tatsächlich
alle schweigen
für einen Moment

Es scheint still zu sein
doch es bleibt ein Irrtum damit zu beweisen
dass sie ihre Rüssel von nun an
nur auf mein Kommando in die Höhe halten

## Elefantendisco

Die Nacht bricht herein
und im Vollmondschein
beginnt ein Gewirr aus Augen
ein Geschwirr riesiger Hufe
immer lauter zu rufen

Es sind Elefanten
die tanzen
in einem Rhythmus mit vollem Genuss

Ich halte meine Ohren zu
aber damit zwinge ich sie nicht zur Ruh!
Ich schreie sie an
doch sie hören nicht auf
Ein Elefant
der tanzen will
tut es auch

Sie tröten beständig und laut
sodass jeder zu ihnen schaut
Im dunklen Schein könnten es 7 sein
übrig bleiben aber nur
viele graue Tatzen und gruselige Fratzen

Es sind meine Elefanten, die da tanzen
wie stoppe ich sie nur?

…

Langsam schleiche ich zur Musikanlage
drehe den Ton ab
Es dauert einen Moment
aber dann stoppen die Elefanten ihr Getanze
Sie stehen da wie festgefroren
starren mich an
angriffslustig
unverfroren

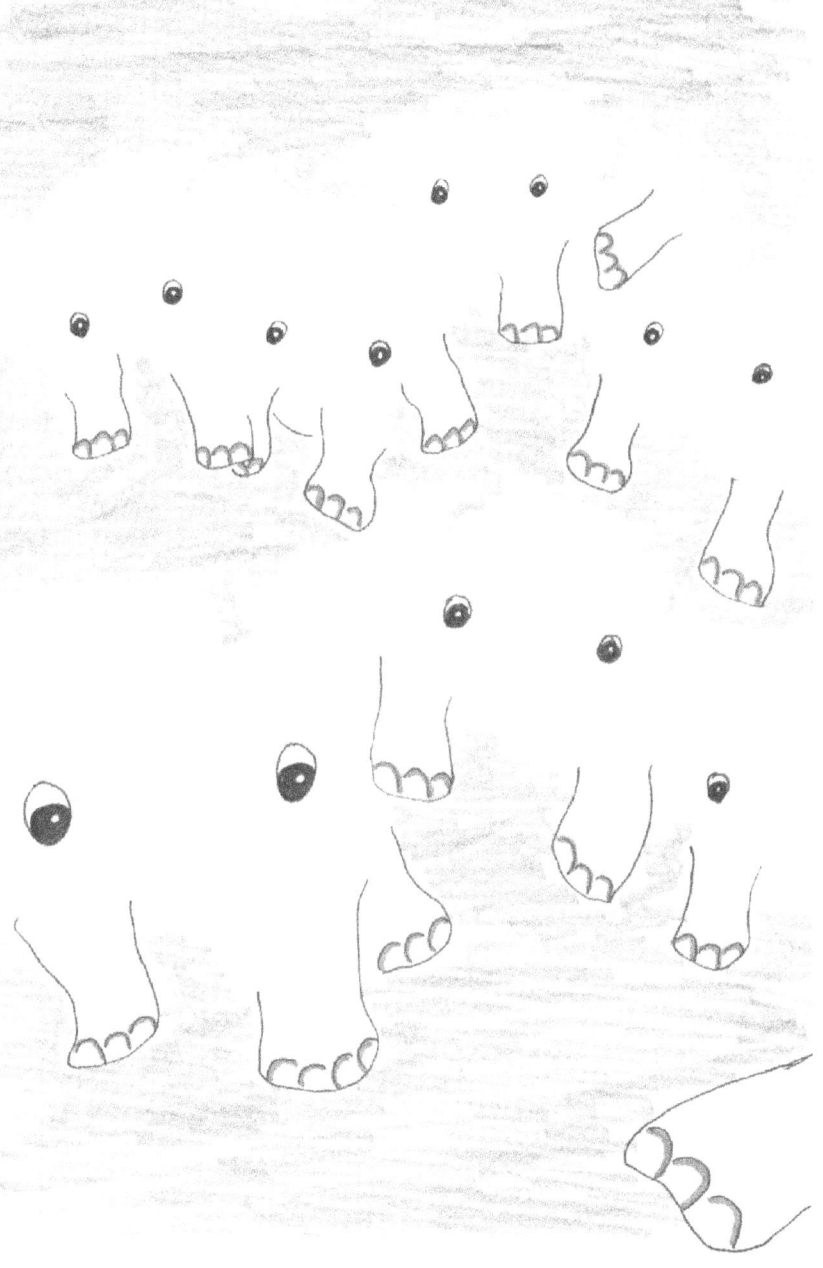

Schnell drehe ich den Ton wieder auf
entferne mich von der Musikanlage
beobachte aus der Ferne
wie nun die sanften Klänge klingen
alle Elefanten nach und nach
zum Dösen bringen
und anschließend zum Schlafen zwingen
leises schnarchen
jetzt kann auch ich endlich schlafen!

... 3 Stunden später

die Party geht doch noch weiter
oh nein
ich glaube
ich bin doch gescheitert

**Mondlichtelefant**

Nachts allein
eingeschlossen in meinen vier Wänden
passiert etwas
gruseliges
beängstigendes

Ein blinzeln
und alles ist schwarz
verändert
und düster
Ich fühle mich
schwer
mit meinem rasenden Herz
Fast schon
ist mir
als wären alle Elefanten verschwunden
ich existiere
als Einziger

Das Gute daran ist
ich weiß
ich brauche nur
schlafen
denn beim Erwachen
wird alles wieder normal
Ich bin ich
und Elefanten bleiben Elefanten

**Elefantenträume**

Wo bin ich?
Wer bin ich?
Dort schreit mich jemand an
Hier tanzen mir alle auf der Nase rum

Plötzlich schießt mir ein Elefant durch den Kopf
und ich breche zusammen
Nichts ergibt Sinn
aber ich renne davon
weine
ach, das ist alles so peinlich

Menschen erscheinen
Menschen verschwinden
die Zeit vergeht
kreuz und quer
so durcheinander

Plötzlich begreife ich endlich
nichts ist wirklich
nichts hat irgendwelche Folgen
in der Realität liege ich
mitten in der Nacht
in meinem Bette
und unter der warmen Decke
laufen mir weiter Tränen übers Gesicht

Es ist alles gut
nur
diese Elefanten in meinen Träumen
die machen mir Angst

## Sich im Kreise drehen

Aus Angst einen Elefanten zu übersehen
schaffe ich es nicht zu verhindern
dass unzählige Neue entstehen
Ich kann versuchen sie zu essen
versuchen sie zu zähmen
aber so wird sich nichts ändern
es bleibt es ein Teufelskreis
aus Problemen

Doch egal wie viele Gedanken überwiegen
ich muss Elefanten finden
und meine Angst besiegen!

 **Eine Masse**

Manchmal sehe ich nur eine graue Wand
oder reiht sich dort
Elefant an Elefant?
Vielleicht haben sich einfach alle Farben vermischt
und sind irgendwie zu einem grau verwischt
Sehe ich in Wahrheit also bunt?

Ich weiß irgendwie
dass es Elefanten sind
nur genauso weiß ich nie
was da eigentlich vor mir ist
das macht mir Angst
trübt meinen Blick
ins grau
ganz und gar
ungewiss

## Zentrum des Tornados

Inmitten meiner Elefantenherde
bin ich gefangen
werde festgehalten
Um mich herum
nur Elefanten und Erde

Ich fühle mich
wie eine Marionette
hängend an Fäden
spielt irgendwer mit meinem Leben

Selbst die grauen Elefantenbeine
rücken in den Hintergrund
Ich kann alles kaum erfassen
bin ganz alleine
mit einem Puppenspieler
der an den falschen Fäden zog
und mich immer weiter
zwischen die Elefanten schob

Nun kauere ich dort
es fehlt nicht mehr viel
und die Elefantenhufe trampeln mich tot

Doch ich will nicht
dass es passiert
Schließlich kämpfe ich mich hoch
ich habe viel zu hart trainiert
um hier einfach aufzugeben
Auf mich wartet doch noch viel mehr
als ein ganzes Elefantenleben

**Kopf in den Sand**

Gerade dabei
meinen ersten Elefanten zu verspeisen
ich dachte
dann sei ich endlich frei
aber huch
ich habe ihn verschluckt
und nun steckt er fest
mitten in meiner Brust

Ich will husten
ich will schreien
ich will rennen
ich will weinen
aber nichts passiert
da steckt ein Elefant fest in mir

Was nun?
Was tun??

## Wie isst man einen Elefanten?

Man nehme einen Happs nach dem anderen
und esse so
Stück für Stück
einen ganzen Elefanten

Zwischendurch tief Atmen
einen kleinen Augenblick warten
dann langsam und geduldig
das nächste Stück
Isst man zu schnell
macht man nur die anderen Elefanten verrückt

**Hassliebe**

Es bringt recht wenig
einen unerwünschten Begleiter
sein Leben lang zu hassen
aber man braucht ihn auch nicht zu lieben
und deshalb reicht es völlig ihn zu akzeptieren

Wertfrei beobachten
selbstbewusst in seiner Nähe stehen
richtig mit ihm umgehen
lernen mit ihm zu leben
anstelle ständig gegen ihn zu reden
um ihn dann
schließlich radikal zu akzeptieren!
Schluss mit Diskutieren!

# Verwandlung

Von 'alles ist perfekt'
oder jedenfalls nah dran
zu 'nichts funktioniert'
völlig deprimiert
...
Und
genauso umgekehrt
vom Chaos zum Leben
absolut und völlig unbeschwert
Juchhee, auch das kann es geben

**Elefantenpause**

Manchmal wenn ich Sport mache
mich stark und verbunden fühle
ist es fast so
als wären keine Elefanten da
als hätten sie noch nie existiert
würden niemals wiederkommen
und ich
glaube sogar daran

Wahrscheinlich dösen meine Elefanten
dann im hohen Gras vor sich hin
träumen sinnlose Geschichten
verbinden ihre Gedanken für den nächsten Angriff
für den nächsten unachtsamen Moment

Doch nichts bereitet mir Sorgen
denn ich erinnere mich nicht
an die tanzenden Elefanten
vergessen ist die Vergangenheit
vorhanden der Augenblick

**Reisen**

Wenn ich auf Reisen gehe
quer durchs Land mich bewege
beginnen die Elefanten zu schweigen
und neugierig mit ihren Rüsseln
in alle Richtungen zu zeigen

Sie sind zu beeindruckt
um mich zu nerven
sie staunen und ihnen fehlt die Zeit
mit Worten um sich zu werfen
Ich genieße diese Zeiten
ich genieße alle Reisen

## Davonlaufen

Ständig auf trab
rund um die Uhr vollbeschäftigt
es ist ähnlich wie Reisen
nur bringt es nichts auf diese Weise

**Wanderung**

Auch manche Elefanten ziehen auf Wanderschaft
verstehen sich nicht mehr mit den anderen
suchen neue Nahrung oder Wasser
Sie verschwinden einfach in die Ferne der Savanne

Manche Elefanten stoßen zu meiner Herde
freunden sich an
finden, was sie suchten
und so bleiben sie bei mir

Na toll, …
aber was solls
ich habs probiert
und sie akzeptiert

**Loslassen**

Meine Hand
klemmt im Rüssel
vom Elefant
schützt mich
vor dem freien Fall
und so klammere
ich mich fest
aus Angst

Später
hänge ich regungslos
zwischen der gesamten Herde
nur kurz über der Erde
aber ich hab mich nicht getraut
loszulassen
von diesen Elefanten
von diesen Gedanken

Dabei bedeutet
Fallen auch Freiheit
getragen von Sauerstoff
und Sinn
endlich die Flügel ausbreiten
und davonfliegen
im Wind

Ich begreife
endlich

darf ich sie
loslassen
die kleinen niedlichen Elefanten

## Wunderelefanten

Elefanten bringen mich zum Denken
sie zeigen mir zu verstehen
sie wollen mir beweisen
dass es sich lohnt Umwege zu gehen

Durch sie habe ich gelernt
mich selbst ernst zu nehmen
Ich lebe zwar mit ihnen
aber ich bestehe nicht aus meinen Problemen

Mit meinen Elefanten bin ich gewachsen
zwar anders als andere Menschenkinder
dafür lernte ich mich
und andere zu analysieren
Ich fand unerwartet Erkenntnisse
und war bereit neue Wege zu probieren
Ich würde sogar behaupten
in manchen Punkten
kann ich viel mehr Informationen
über das Leben geben

Elefanten zeigten mir
wie ich auf meine kleine Weise
die Welt verändere
und nun
immer weiter
durch mein Leben reise

## Mehr als ein Sandkorn auf der Erde

Kleine Dinge zum Glücklichsein
es genügen
Kaffee, Tee und Sonnenschein
mich engagieren
barfuß den Boden spüren
Menschen begegnen
die mich durch mein Leben führen
Erinnerungen behalten
mein Leben selbstbestimmt gestalten

Ohne meine Elefanten
hätte ich nicht werden können
nicht sein können
wer ich geworden bin
und auch noch immer werde
So schwer es meist ist
ich weiß jetzt
ich bin auch dankbar für meine Elefantenherde

Selten zwar, aber immerhin manchmal
und ganz langsam
wird wirklich vieles wunderbar

Meine Elefantenherde und ich
trainieren
bis wir glücklich und zufrieden sind

## Anerkannte Elefantenflüsterin

Als Elefantenflüsterin
geht es nicht darum
die Elefanten zu verjagen
Denn was wäre ich denn dann?
Flüstern kann ich zwar
aber mir fehlt der Elefant!

Als Elefantenflüsterin
geht es darum
zu erfahren
wie jeder der bleibenden Elefanten denkt
reagieren zu können
zu wissen, wo meine Grenzen sind
die Herde zu besänftigen
wenn sie die Ruhe sprengt

All das habe ich nun verstanden
ich habe alles Mögliche gelernt
über mich und Elefanten
So vieles ergibt plötzlich einen Sinn
und tatsächlich
der erste Schritt ist geschafft
Ich glaube
ich bin nun wirklich meine eigene
echte Elefantenflüsterin

**Mein Wegweiser**

Lerne mit deinen Elefanten
zu tanzen.
Lerne einige zu verspeisen.
Aber lerne hauptsächlich sie zu trainieren
und
sie in gewisser Weise zu akzeptieren!

# Danke

Liebe Gina,
danke, dass du deine Metaphern mit mir geteilt hast. Sie veränderten meinen Blick auf die Dinge. Immer wieder durfte ich feststellen, dass sich hier und dort nur ein Elefant in mein Leben geschmuggelt hatte. So oft habe ich gedacht, ich müsste es merken, aber Elefanten sind manchmal auch winzig und passen somit durch die kleinsten Löcher, um innerhalb der vier Wände zu wachsen.
Ich hoffe, ich kann dir mit diesem Buch einen Teil des verschnörkelten Weges erleuchten, wie du ihn auch für mich erleuchtet hast.
Danke, dass du bist wie du bist.


Liebe Jette,
danke fürs Probelesen, mich unterstützen und motivieren. Es sind kleine Projekte, an denen ich arbeite, aber ich wüsste nicht, was ohne dich daraus werden würde. Es macht mir solch eine Freude mit dir kreativ zu sein.

*Isabelle Glück*

geboren 2001 in Potsdam,
schreibt, malt und fotografiert. Und wenn doch
einmal etwas anderes auf dem Programm steht,
dann nicht ohne Stift und Papier in der Tasche.
Kunst und Kreativität sind ihre Wege, das Chaos
und die Hektik dieser Welt zu verarbeiten, in der
alles immer schneller und besser funktionieren
muss.


weiteres Buch:
    „zwischen Welten aus Schattenlicht – Eine lyrische
    Reise"
    © 2020 *Isabelle Glück, BoD*

Milton Keynes UK
Ingram Content Group UK Ltd.
UKHW010857030424
440506UK00016B/2205